AF235657

Thomas Inselmann

einfach mal offline

© 2022 Thomas Inselmann

Herstellung und Verlag:
BoD - Books on Demand, Norderstedt

ISBN: 9783754329702

Bibliografische Informationen der Deutschen
Nationalbibliothek:
Die Deutsche Nationalbibliothek verzeichnet diese
Publikation in der Deutschen Nationalbibliothek;
detaillierte bibliografische Daten sind im Internet über:
http://dnb.dnb.de abrufbar.

Thomas Inselmann

einfach mal offline

Nachtflug durch die Sterne

Einen Nachtflug durch die Sterne,
hab ich uns gebucht,
Hand in Hand durchs All,
kennen wir kein Morgen,
nur die Magie der Stunde,
macht uns jetzt an,
fliege mit dir wohin du willst,
bis in alle Ewigkeit.

Blaueaugenschön

Du bist für mich so blaueaugenschön,
wenn ich dich seh, wird mir klar,
was mir fehlt, wenn du nicht bei mir bist,
dein Blick ist so sommersonnenklar,
deine Stimme, so wunderglockenhell,
ein Kuss von dir ist so roterosenrein,
eine Berührung von dir ist so daunenfedersanft,
lass mich nicht alleine,
sonst fühle ich mich so seelenloseinsam,
und mir ist hundeelendkalt.

Nackt im Wald – allein

Sie sitzt auf einem moosbedeckten Fleck,
nackt im Wald und ist ganz allein,
allein wie ich im Sonnenschein der Nacht,
sie sprich mich an, welch ein Glück für mich,
trägt sie die gleiche Sehnsucht in sich wie ich?

Wir gehen ein Stück gemeinsam durch den Wald,
am Ende verloren wir uns im Sein,
sie sitzt wieder nackt im Wald allein,
wo ich sie das erste Mal schon erblickte,
ihr Platz ist fest, so ist es allein und nackt zu sein.

Doch ich nehme mein Herz in die Hand,
bin auch bloß nackt und ganz allein,
gehe zu ihr hin und nehme sie mit,
sie lässt es zu, welch ein Glück,
jetzt verlieren wir uns nicht mehr nackt im Sein.

Aus unseren Tränen werden Kleider,
nicht mehr nackt im Wald allein,
der Kummer macht uns heiter,
hinaus aus dem Wald und immer weiter,
am Ende vereint, nicht nackt, nicht im Wald allein.

Wasser der Sehnsucht

Melancholisch treibe ich,
in den Fluten der Welt,
getrocknet von der Sonne,
der Hoffnung, die immer scheint,
habe alles aufgegeben für dich,
und dir mein Herz geschenkt,
sehe dort den Horizont der Liebe,
der mich zu dir lockt, immer wieder,
du sitzt dort am Strand der Verführung,
wie es schöner nicht sein könnte,
zeigst mir den schönsten Regenbogen,
der Verliebtheit, als Zeichen für uns,
kämpfe mich zu dir durch die Wellen,
der Schwierigkeiten und ertrinke fast,
im tiefen Wasser der Sehnsucht,
denn der Weg ist so weit und schwer,
doch wenn ich ankomme bei dir,
wird es ein Leben des Glückes,
gemeinsam mit dir und die Sonne,
scheint nur für uns jeden Tag.

Jahreszeiten der Liebe – 1 Frühling

Der Frühling ist wie verliebt sein,
Schmetterlinge im Bauch,
neue Hoffnung,
Knospen einer neuen Liebe im Gefühl,
die Zeit bleibt stehen,
wie am ersten warmen und sonnigem Tag,
Gefühle sind rein, fast neu,
und irgendwie anders als sonst,
selbst die Vögel trällern nur Liebeshymnen.

Jahreszeiten der Liebe – 2 Sommer

Der Keim der Liebe geht auf,
Vertrautheit und Glückseligkeit,
gehen Hand in Hand,
sind gewachsen,
durch Nähe und Geborgenheit,
es gibt nur Sonnenschein,
kein Wolkenschatten weit und breit,
erste Früchte der Leidenschaft,
die Liebe steht in voller Blüte.

Jahreszeiten der Liebe – 3 Herbst

Schatten der Zeit,
und Wind als Streit,
erster Verfall und dunkle Ahnungen,
Sonne der Liebe,
nur ab und zu,
Schmetterlinge verschwinden,
Egoismus ertränkt Träume,
wie Herbstregen die letzten Blüten zerstört,
kommt Sonne nach dem Sturm,
oder sind wir zu schwach,
Fragen im Regen,
und wer antwortet darauf noch?

Jahreszeiten der Liebe – 4 Winter

Dunkelheit und Kälte,
die Sonne selten zu sehn,
nur als Erinnerung zu verstehen,
böse Gedanken,
die Ernte fast aufgebraucht,
ich war mal verliebt,
wie lange ist es her,
ich kann mich nicht erinnern,
du nervst wie der Frost,
aus Streit wird Eis,
mit Schnee bedeckt sind die Gefühle,
wann wird es wieder Frühling?

Jahreszeiten der Liebe – 5 Die Moral

Menschen haben den Frühling gern,
sind dem Sommer dann nicht fern,
die meisten bleiben im Herbst stehen,
und im Winter werden sie dann gehen.

Mein ewiger Schmerz

Schnell erloschen,
ist das Feuer,
das mal brannte,
zwischen uns,
atmen jetzt die Asche,
das ist nicht gesund,
können uns nicht trennen,
die heiße Glut,
hat uns verschmolzen,
bis zum Tod,
bist du in meinem Herz,
tief verbunden mit mir,
werden nicht zusammen bleiben,
wirst so mein ewiger Schmerz.

Internationale Sprache

Wir lernten uns kennen,
an einem wunderschönen Strand,
konnten uns jedoch kaum verständigen,
weil unsere Sprache zu verschieden war,
doch die eine Sprache, die wir wollten,
ist international überall gleich,
und wir unterhielten uns die ganze Nacht.

Von dir zu mir

So nah und doch so fern,
ein Blick in die Augen,
alle paar Tage,
und doch nicht mehr,
eine kurze Berührung,
nur ab und zu,
und doch nicht mehr,
eine Sehnsucht brennt tief,
verboten – Gefühle zu zeigen,
magisch die Reise,
von dir zu mir.

Immerhin

Dein Mund haucht mir Küsse zu,
so sanft und rein,
wie ich es nie zuvor erlebte,
bist kein Engel und keine Fee,
nur ein Mensch, eine Frau,
aber was für eine,
bleib bei mir stehen,
und geh nicht vorüber,
einen Tag und eine Nacht.
Gehst du dann weiter,
hab ich das größte Glück erlebt,
kurz zwar, aber immerhin.

Heimlich verliebt

Ein Atem voll von deinem Duft,
stehle ich mir,
wenn ich neben dir stehe,
kennen uns nicht,
aber treffen uns täglich,
bin heimlich verliebt,
habe aber nicht den Mut,
dich anzusprechen,
träume von dir,
und auch von uns,
du bist wunderschön
und riechst,
wie eine Frühlingsknospe
im Morgentau,
morgen spreche ich dich an,
weiß ich seit Wochen,
ein Jahr vergeht,
mein Mut auch.

Eine dieser Nächte

Der Abend geht,
die Nacht erwacht,
schwarz und rein,
schön anzusehen,
bloß keine Ahnung,
was wird geschehen,
so wie immer,
all die Weiber,
und der Suff,
das leichte Spiel,
in der Spelunke,
oder doch nicht,
nur Liebe und Glück,
frei von Lastern,
das ist der Traum,
zu viel Gerede,
leicht und dumm,
will nur dich,
für mich alleine,
wie lange noch,
eine dieser Nächte,
ohne dich?

Etwas flüstern

Möchte dir gern flüstern,
bin zärtlich und lüstern,
fühl mich schwebend,
und dabei auch bebend,
trockne meine Tränen,
kann mich an dich lehnen,
tief aus meinem Bauch,
klingt es wie ein Hauch,
leise mit allen Sinnen,
muss ich zu dir rinnen,
jede deiner Posen,
will ich sanft liebkosen,
damals schon gewusst,
und heute ganz bewusst,
Gedanken sind wie Triebe,
wachsen schnell zur Liebe,
das ist was ich empfinde,
und das ist noch gelinde,
sage es nun trotzdem,
denn es ist mir angenehm,
ich liebe dich mein Herz,
das ist mein ganzer Schmerz.

Zwei Lichter

Im Meer des Alltags,
schwimme ich umher,
habe keinen Willen mehr,
alles grau in grau,
das Meer ist kalt und nass,
meine Gedanken verstecken sich,
dann sehe ich ein rotes Licht,
und beginne neu zu leben,
das Licht interessiert sich für mich,
zwei Lichter finden sich,
so steige ich aus dem Meer,
der Alltag tropft einfach ab,
verliebt, der erste Kuss,
ab jetzt ist jeder Tag für mich,
wieder wie ein großes Wunder.

Schwul

Die meisten sind vom Storch gebracht,
und einige sind eben vom Flamingo gemacht,
doch sind sie dabei genau wie du und ich,
nur Sex gibt es bei ihnen nur unter sich,
kein Problem, jeder so, wie er gerade mag,
nicht verspotten, nur weil man im anderen Körbchen lag,
wer das nicht akzeptieren kann oder will,
liegt falsch, verpisst sich besser und ist sofort still.

Du bist gegangen

Still, nur still,
will ich sein,
in diesem Moment,
lass mich erinnern,
was ich erinnern kann,
die Zeit ist dunkel,
hell, das sind die Träume,
hatte keine Zeit,
du weißt warum,
wenn wir uns wiedersehen,
ist es wie immer,
glaube daran ganz fest,
in den Tiefen der Zeit,
der letzte Gruß ist eisern,
aber ernst gemeint.

In alle Ewigkeit

Das Licht ist unser,
früher oder später,
gehen wir hinein,
früher oder später,
kommen wir wieder heraus,
das Licht der Ewigkeit,
wird oft falsch gedeutet,
schenkt uns das Leben,
und auch den Tod,
immer wieder beides,
so ist das Licht,
in alle Ewigkeit.

Chic

Licht im Nebel, kalter Schein,
wie lange noch alleine sein,
Licht ist Leben, reife Zeit,
alles Glück ist nicht mehr weit,
Licht sagt danke, tiefer Blick,
lange warten ist doch chic.

Absinth

Absinth, Absinth,
das betrunkene Kind,
die grüne geile Fee,
mit der ich jetzt geh,
soweit ich noch kann,
in ihrem tiefen Bann,
ist alles schön hell,
manchmal blendend grell,
die Gedanken sind heiter,
das Bewusstsein ist weiter,
wer braucht schon Schnee,
wenn ich mit ihr geh?

Buch des Lebens

Das Leben ist wie ein Buch,
jeden Tag blättern wir um,
wie eine frische Seite,
die wir noch nicht kennen,
so beginnt der neue Tag,
doch in Wirklichkeit,
steht alles schon geschrieben,
wir erleben es bloß noch,
und denken, es ist neu,
können keine einzige Seite,
aus dem Buch herausreißen,
können nicht zurück blättern,
und etwas durchstreichen,
auch nicht nach vorne schauen,
erleben nur die aufgeschlagene Seite.

Du bist mein größter Schatz

Solch zarte Hand wie deine,
hielt ich noch nie in meinen Händen,
so sanfte Lippen wie die deinen,
küsste ich noch nie zuvor,
dein Lebenslicht strahlt blau und hell,
aus deinen schönen Augen,
ebenmäßig dein Gesicht,
das Haar so glänzend und voll,
so rot und so lang,
die Stimme wie ein Engelschor,
dein Körper fest und doch auch weich,
Brüste die ein Meister schuf,
der Schoß ein sinnliches Fordern,
und Beine endlos lang,
dein Po ist ein Gedicht,
aus magischer Hand,
du riechst wie eine Sommerblume,
und schmeckst wie eine Honigwabe,
deine Haut ist eine einzige Einladung zur Liebkosung.

Deine Augen sind ein Ozean

In deinen tiefen blauen Augen,
möchte ertrinken,
und dich um Verzeihung bitten,
für alles, was ich dir angetan habe,
wenn du mich so ansiehst,
scheint alles egal zu sein,
dein Blick hält mich gefangen,
und macht mich zu einem anderen Menschen,
beginne zu schwimmen,
in den blauen Fluten,
und kann kein Ende darin finden,
dein Blick verzaubert,
deine Augen sind ein Ozean,
an Gefühlen und Leidenschaft.

Sterne ohne Gleichen

Sterne ohne Gleichen,
sind wie Züge ohne Weichen,
laufen in festen Bahnen,
ohne es wirklich zu ahnen,
wie die Menschen aller Länder,
fest gemauert wie Kalender,
strömen starr in eine Richtung,
bis zu ihrer eigenen Lichtung,
dann ereilt sie das Gericht,
und das ist nicht fürchterlich,
aufgestiegen oder einfach durchgefallen,
werden sie wieder auf die Erde fallen,
und so weiter machen wie bisher,
für sie wird es nicht sehr schwer,
werden dabei etwas Neues lernen,
und ihr Blick geht zu den Sternen,
fragen sich dabei, wieso ist es so,
und sind eigentlich doch ganz froh,
machen einfach immer weiter,
bis sie hoch sind, auf der Leiter,
ihre Seelen atmen sehr lange,
denn es ist ihnen nicht bange,
und die Sterne können warten,
so wie der ewige Garten.

Flamme der Wahrheit

Man muss immer Öl ins Feuer gießen,
die Flamme der Wahrheit,
muss brennen und hoch sein,
damit man sie weit sehen kann,
und sie darf niemals erlöschen,
das muss unser aller Anliegen sein.

Wie ein Schiff im Hafen

Alle meine Träume gehören dir,
die guten, die schlechten,
die geilen und die traurigen,
mit dir weiß ich nicht mehr,
wer ich bin,
aber ich weiß,
dass ich ich bin,
weiß nicht,
was ich vorher machte,
bin aber sicher,
alles was ich machte,
führte mich zu dir hin,
um bei dir zu landen,
wie ein Schiff im Hafen.

Dinge aufschreiben

Die schlechten Dinge,
schreibe ich in Sand,
und warte auf Regen,
länger will ich mich damit nicht befassen.

Die guten Dinge,
schreibe ich auf Papier,
damit sie lange halten,
und mich immer erinnern.

Die besten Dinge allerdings,
ritze ich in Stein,
damit sie ewig bleiben,
für alle Welt zum Zeichen.

Amors Pfeil

Ein kleiner dicker Bursche,
Amor genannt,
schoss einst einen Pfeil,
in unser beider Herz,
und wir wurden
durch das unsichtbare Band der Liebe,
auf ewig miteinander verbunden,
bis ein Pfeil bricht,
oder das Band reißt,
was aber unmöglich ist,
denn beides ist unzerbrechlich,
so dass wir ewig,
zusammen sein werden.

Einfache Mathematik

Liebe ist gleich,
Hoffnung mal Sehnsucht,
geteilt durch gemeinsame Zeit,
Vertrauen zum Quadrat,
minus Streit und Missgunst.

Lass Liebe hinein

Die Sonne im Herz,
verarbeitet den Schmerz,
verbrennt ihn zu Glut,
aus Asche wird Mut,
ist Schatten im Herz,
wird Liebe zu Schmerz,
es vergeht der Mut,
stattdessen nur Wut,
darum sperr den Schatten aus,
baue dem Herz so ein Haus,
und lass Liebe hinein,
sie wird wie Sonne sein.

Geburtstagsgruß für eine Frau

Alles Gute und Liebe zu Geburtstag,
schäm dich nicht für dein Alter,
man sieht es dir nicht an,
und bleib so, wie du bist,
schön, klug, sexy und begehrenswert,
nimm dir Zeit für die Dinge und halte aus,
dein Glück wird vollkommen werden,
wenn du nur stark genug daran glaubst.

Mir ist schön warm dabei

Unerhört schön,
sind deine Augen,
lassen mich nicht los,
was soll ich tun,
starre zurück,
und kann nicht sagen,
was los ist,
flößt du mir Liebe ein,
oder ist es Magie,
die mich lähmt,
und willenlos macht,
weiß es nicht,
aber mach weiter,
mir ist schön warm dabei.

Blume des Friedens

Eine Pusteblume des Friedens,
steht auf einer Wiese,
und wartet auf Wind,
damit ihr Samen,
in alle Welt getragen wird,
um gedeihen zu können.

Warum nur haben einige Völker,
und Länder einen Windfang,
um den Samen abzufangen,
und warum haben so viele Menschen,
eine Allergie gegen
Pusteblumensamen des Friedens?

Ein neues Leben

Leichtfüßig und barfuß,
im Geist völlig nackt,
schreite ich los,
bis ich angekleidet bin,
von den Dingen des Lebens,
und sie stehen mir gut,
weil ich sie verstehe,
und nicht leugne,
annehmen heißt Liebe,
jeden Tag kann ich etwas lernen,
bis ich vollständig bekleidet bin,
so kann ich dem Tod begegnen,
ohne durch ihn zu erfrieren,
so dass er mich überleitet,
in ein neues Leben,
was ich wieder nackt beginne.

Ein kleines Herz

Ein kleines Herz, das an dich denkt,
ist traurig, weil es sieht dich nicht,
denkt von weitem jetzt daran,
dass es dich nicht berühren kann.

Kinder der Nacht

Wir sind alle Kinder der Nacht,
und unsere Abgründe sind tief,
können nichts für unser Schicksal,
leben es bloß, wie wir eben müssen,
der Rest ist, was andere von uns glauben,
oder sie von uns glauben sollen.

Wer vermag zu sagen,
wo das eine endet
und das andere beginnt?

So lebten wir unerkannt,
bis wir aufflogen,
und die Scherben zählten.

Keiner wusste Bescheid,
weil wir stets anders erzählten,
täuschten sie geschickt,
denn wir waren wirklich gut,
am Ende half es nichts,
zwei Leben waren kaputt.

Kurz vorm Ertrinken

Lange bin ich gelaufen durch den Wald,
dessen Bäume seltsame Namen haben wie:
Wut, Verzweiflung, Trauer, Einsamkeit und Leere.
Lange bin ich dann durch das Meer der Tränen
geschwommen, immer kurz vor dem Ertrinken.
Dann erreichte ich das Ufer und dort standest du,
küsstest all die Tränen von meiner Haut
und nahmst mich mit nachhause.
Lieben will ich dich dafür.

Sterne in den Augen

Wie du mich ansiehst,
einfach durch mich hindurch,
bekomme eine Gänsehaut,
jedes Mal nach all der Zeit,
bei diesem besonderen Blick,
es sind die Sterne in deinen Augen.

Kann, will, werde

Streichle dein Haar,
und deine Haut,
sehe in deine Augen,
weiß es, fühle es,
ich kann dich lieben.

In meinen Armen,
bist du mir nah,
kann nur an dich denken,
und mich freuen,
ich will dich lieben.

Will dich immer,
ganz und gar,
bist mein ein und alles,
ohne Bedingungen,
ich werde dich lieben.

Tränenliebe

Tausend Tränen der Liebe müssen vergossen werden,
um den Teich der Verbundenheit zu füllen,
ihn ständig zu bewässern,
damit er nicht austrocknet,
durch die Verdunstung des Alltags.

Tränenliebe, die zusammenhält,
ist stärker und tiefer als alles andere,
sie hat ewig Bestand,
und ist durch nichts zu trennen.

Ihren Teich können nur wenige erreichen,
die meisten scheitern im Ansatz,
denn das ist einfacher,
wir sind mitten drin.

Glücklich sein

Mit dir bin ich am liebsten allein,
liegen dann meistens Bein an Bein,
dazu eine Flasche roten Wein,
ach wie schön kann Luxus sein.

Dein Gesicht im Kerzenschein,
für alle Ewigkeit bin ich dein,
unsere große Liebe ist so rein,
lass uns einfach glücklich sein.

Kleines Gedicht der Liebe

Die Sonne scheint, mein Herz ist schwer,
ich wünsche mir, dass noch mal gestern wär,
läge in deinen Armen und du wärst mein,
so würde ich für immer glücklich sein.

<u>Schutzengel</u>

Geschickt vom Licht aus Richtung Himmel,
wirst du immer bei mir sein und wachen,
solange ich auf Erden bin und Fehler mache,
biegst es wieder gerade, was ich nicht kann,
passt auf, dass mir nicht viel passiert dabei,
bist ständig in meiner Nähe, spüre dich oft,
kann dich nie sehen, was mich traurig macht,
würde dich sehr gerne mal kennenlernen,
weiß ich doch noch nicht mal wie du heißt.

Spuren einer Nacht

Der Blick in den Spiegel,
an dem Morgen danach,
der Blick in mein Herz,
was hast du gemacht,
was hab ich gemacht?

Nur für dich

Atmen,
nur für dich,
Gefühle,
nur für dich,
du bist alles,
ohne dich ist alles nichts,
Gedanken,
nur für dich,
Augen,
nur für dich,
hak dich ein,
und flieg zum Himmel mit mir,
Herzschmerz,
nur für dich,
Kummer nur für dich.

Liebe ist keine Pusteblume

Liebe ist keine Pusteblume,
sie verweht nicht beim ersten Wind,
sie ist viel stärker und haltbarer,
so sollte sie jedenfalls immer sein,
wer sie erlebte, weiß auch Bescheid.

Ist sie nicht langlebiger,
war sie nur ein gutes Gefühl,
vielleicht ein geiler Gedanke,
aber eben keine echte Liebe,
traurig sind die, die es noch nicht erlebten.

So verwechseln denn viele viel zu oft,
die Pusteblume mit der Liebe,
und merken dabei überhaupt nicht,
dass sie die Gefühle anderer zerstören,
die wissen, Liebe ist keine Pusteblume.

Unglaublich

Unglaublich,
wie das Leben geht,
jetzt bin ich hier,
gleich bin ich da,
was nehm ich mit,
was lass ich da,
wer ist wichtig,
vor allem was,
weiß es nicht,
denn es geht weiter.

Liebe entscheidet

Wenn dein Verstand sagt,
lass es.
Wenn dein Herz sagt,
tue es.
Wenn die Angst sagt,
frage deinen Verstand.
Wenn das Gewissen sagt,
frage dein Herz.
Wenn der Stolz sagt,
höre auf deinen Verstand.
Wenn der Instinkt sagt,
höre auf dein Herz.
Wenn die Vernunft sagt,
mach was der Verstand sagt.
Wenn die Erfahrung sagt,
mach was das Herz sagt.
Wenn du also überhaupt nicht weiter kommst,
lass die Liebe entscheiden,
sie liegt immer richtig.

Liebe

Liebe ist ein Gefühl des Glückes,
geleitet von der Hand des Schicksals,
geschickt für die Fühlenden,
von der Macht des Lichtes.

Lernen, Lieben und Lachen

Jeden Tag musst du
wenigstens drei Dinge tun.
Das sind:
Lernen,
Lieben und
Lachen.
Das ist so wichtig
wie essen, trinken und atmen.
Sonst ist der Tag verloren
Und kann nicht wiedergeholt werden.
Verliere keinen Tag,
sonst wirst du schwermütig.

Augen

Habe zwei gesunde Augen zum Sehen,
bin ich verliebt, muss eins auch reichen,
aber wenn ich hasse, bleibt mit keines mehr,
bin blind dann, kann nichts mehr sehen.

Kissen küssen nicht

Brauche deine Nähe wie Sauerstoff,
liege schon wieder auf dem Kissen,
auf dem du eben noch gelegen hast,
nur um dich noch mal zu riechen,
bist schon wieder fort, wie so oft,
nehme das Kissen fest in den Arm,
weil ich dich wirklich über alles liebe,
leider kann man Kissen nicht küssen,
so wie ich dich gerne küssen würde,
und dein Geruch schwindet auch bald,
so dass mir nicht mehr viel von dir bleibt,
außer die Erinnerung an unsere Nacht,
das Kissen ist mein einziger Zeuge dafür,
doch es küsst mich immer noch nicht zurück.

Küssen

Ein Kuss, zwei Küsse, viele Küsse,
küssen um des Küssens Willen,
den Mund, die Zunge, die Haut,
alles küssen, denn küssen macht Spaß,
und bringt uns einander näher,
wir küssen alles was uns lieb ist,
drücken unsere Liebe dadurch aus,
küssen will man immer wieder,
immer weiter küssen, nur küssen,
was gibt es schöneres, als zu küssen?

Ich bin ich (Metamorphose)

Lernten uns kennen, alles war so gut,
bedingungslose Liebe, am Anfang,
dann ging es los, dies war falsch und das,
immer mehr kam dazu, Streit begann,
alles war verkehrt und dir nicht recht,
sollte mich ändern und mein Leben,
aber wenn es soweit ist, wirst du gehen,
das weiß ich genau, es ist überall so,
ein Neuer wird kommen, der dann ich ist,
denn dann bin ich nicht mehr derselbe,
den du mal kennen und lieben lerntest,
also habe ich nur zwei Möglichkeiten,
so zu bleiben, wie du mich einst liebtest,
oder mich zu ändern, so wie du es willst,
bis ich nicht mehr ich bin, den du liebst,
sondern der, der ich sein soll, den du liebst,
so oder so, das Ende wird schnell kommen,
also bleibe ich lieber ich, denn ich bin ich.

Irgendwie, Irgendwo, Irgendwann

Irgendwie,
es wird schon gehen,
du wirst es bald sehen.

Irgendwo,
kommen wir dann an,
und unsere Zeit ist dran.

Irgendwann,
ist es dann normal,
alles andere ist egal.

Haus Sehnsucht

Ich bau dir ein Schloss,
nur aus Liebe und Luft,
können nur drinnen wohnen,
wenn wir zusammen sind,
selten zwar, aber immerhin,
zu mehr reicht es leider nicht,
gehen beide andere Wege,
sie kreuzen sich nur selten,
deswegen heißt das Schloss,
Haus Sehnsucht ohne Zuversicht.

Ich bin

Bin nicht klein, bin nicht groß.
Bin nicht arm, bin nicht reich.
Bin nicht krank, bin nicht gesund.
Bin nicht gebunden, bin nicht frei.
Bin nicht schwach, bin nicht stark.
Bin nicht hässlich, bin nicht schön.
Bin nicht dumm, bin nicht schlau.
Bin immer dazwischen, habe meine Ruhe dadurch.

Engel

Unglücklich einsam und verletzt,
gefangen von Gefühlen der Verzweiflung.
Und dann kommt ein Mensch voller Gefühl,
trocknet die Tränen, gibt Kraft.
Er zaubert das erste echte Lächeln seit langer Zeit auf
dein Gesicht.
Danke Engel

Du hast in wenigen Sekunden soviel getan,
wie andere in Jahren nicht.
Du lebst dein Leben so frei,
so anders als ich.
Ich denk an dich.
So gern hätte ich mehr von dir,
trotzdem danke Engel.

Verliebt

Gehe essen,
obwohl ich es mir nicht leisten kann,
aber es ist schön.

Mache Dinge,
die ich eigentlich gar nicht machen will,
aber es macht Spaß.

Gehe ins Kino,
obwohl ich die Filme nicht sehen will,
aber es macht mir nichts aus.

Ertrage Sachen,
die ich eigentliche zutiefst verabscheue,
aber alles ist gut.

Glaube an Dinge,
die sich niemals erfüllen werden,
aber ich fühl mich gut.

Ich muss verliebt sein.

Für dich da

Fällst du hin, helfe ich dir auf.
Bist du krank, pflege ich dich.
Wirst du alt, bleib ich bei dir.
Bist du verletzt, stütze ich dich.
Weißt du nicht weiter, habe ich Rat.
Bist du gefangen, rette ich dich.
Kannst du nicht mehr, treibe ich dich an.
Bist du einsam, bin ich bei dir.
Weinst du, küsse ich dein Gesicht trocken.
Frag dich warum, ich liebe dich.

Der Gang der Verliebtheit

Ich gehe seit Tagen anders,
bin sehr verliebt,
ich schwebe dahin,
und ich beobachte dich,
dein Gang ist elegant,
und sexy jede Bewegung,
und auch du schwebst
im Gang der Verliebtheit.

Am Billardtisch

Der heftig harte Stoß,
brachte den Ball in den Schoß,
nicht über die lange Bande,
aber das ist keine Schande,
so geht das Spiel auf weichem Filz,
nebenbei gib es auch ein Pils,
er lachte noch beim Achter,
doch beim Neuner dacht` er,
der Glücklichere wird gewinnen,
wir werden ein neues Spiel beginnen.

Erde, Welt, Planet

Meine Augen sind trübe,
weil ich das Unheil der Erde,
nicht sehen mag.
Meine Ohren sind taub,
weil ich den Blödsinn der Welt,
nicht hören will.
Meine Nase ist verstopft,
weil ich den Mief des Planeten,
nicht riechen will.
Mein Mund ist geschlossen,
weil ich den Ablauf der Welt,
nicht schmecken will.
Meine Haut ist allergisch,
weil ich den Dreck der Erde,
nicht fühlen will.
Mein Körper ist kaputt,
so kaputt, wie unserer Planet.

<u>Die Blinden und die Sehenden</u>

Folge nicht den Blinden,
die gut reden können,
sondern lieber den Sehenden,
die meist stumm sind,
denn die Blinden,
sind geblendet,
von der falschen Sache,
deswegen reden sie so viel darüber,
aber die Sehenden reden wenig,
denn sie kennen die richtige Sache.

Etwas ändert sich

Hast du es gesehen,
hast du es bemerkt,
etwas ändert sich,
nicht sehr schnell,
eher ganz langsam,
aber dafür stetig,
können endlich planen,
und uns finden,
etwas passiert mit uns,
und wir haben keine Angst,
sondern freuen uns,
so wird alles gut.

Doch gestorben

Wenn der Schatten zu mir spricht,
ist in meiner Seele doch noch Licht,
bin noch nicht gestorben,
und nicht ganz verdorben,
dunkel ist die Welt voll Sorgen,
all das bleibt mir nicht verborgen,
hoffnungsvoll scheint der Sonnes Licht,
doch das interessiert mich nicht,
keine Wünsche, keine Träume mehr,
langsam ist der Körper leer,
zweifelhaft rinnt die Zeit dahin,
bis ich doch gestorben bin.

In meinem Herz wohnen

Willst in meinem Herz du wohnen,
musst du nicht vor mir thronen,
darfst mich auch nicht niedermachen,
musst nur mit mir immer lachen,
auch Gespräche die tiefer gehen,
und du musst zu deinem Worte stehen,
der Rest kommt von allein,
lass uns nur zusammen sein.

Schwer verstehen

Durch das Leben geschliffen,
wie ein Stein im Fluss,
liegt der Charakter offen,
egal wie er ist,
gerieben an Problemen,
aber nicht zerbrochen,
nur erfahren geworden,
wissen um die Dinge,
scheinbar langweilig dadurch,
aber dafür tief fühlend,
wird man so zu einem Menschen,
den andere nur schwer verstehen können.

Sonnenglutaugen

Deine Sonnenglutaugen,
jagen mir einen Schauer ein,
einen Schauer der Liebe,
und auch einen der Lust,
wenn du mich ansiehst,
wird mir ganz wohlig,
und ich werde willenlos.

Zwei Esel

Lange Zeit,
währt Dunkelheit,
kein liebes Wort,
bald bist du fort,
kann nicht gegen mich kämpfen,
mit jedem anderen nehme ich es auf,
muss da jetzt durch,
auch ohne deine Hilfe,
du bist so stur wie ich,
zwei Esel, lächerlich.

Spätsommer

Der Wind streichelt das Gras der Wiese,
sanft zu spüren auf der nackten Haut,
die Sonne strahlt mit letzter Kraft,
schon morgen kann das Wetter drehen,
heute ist der letzte schöne Tag.

Spürst du die würzig reine Sommerluft,
siehst du den letzten bunten Blütenstand,
wie rasend schnell wird alles vergehen,
in diesen letzten wundervollen Tagen,
heute ist der letzte schöne Tag.

Die Schmetterlinge tanzen leicht im Wind,
der Bach plätschert fröhlich schnell dahin,
doch die Wärme des Tages wird schnell,
vom kalten Nebel des Abends geschluckt,
heute ist der letzte schöne Tag.

Die Spinnen weben ihre großen Netze,
die reiche Beute wird langsam knapp,
der Tau glitzert wie eisige Kristalle,
die Wolken werden wieder dichter,
heute ist der letzte schöne Tag.

Stille Gedanken

Seichtes Gesabbel,
wohin man hört,
wo bleiben sie,
die Taten dazu,
ich bin lieber still,
und mache mir Gedanken,
bleibe ganz ruhig dabei,
denn stille Gedanken sind mehr,
als Gesabbel ohne Taten.

Einander

Gemacht sind wir füreinander,
und sind ständig miteinander,
geraten auch mal aneinander,
sind aber nie ohne einander,
im größten Durcheinander,
sind wir beieinander,
halten zueinander,
und sind beieinander,
wir gehen nebeneinander,
arbeiten nie gegeneinander,
leben uns nicht auseinander,
liegen oft übereinander,
denn verliebt sind wir ineinander.

81

<u>Was es ist?</u>

Ist das,
was es ist,
wirklich das,
was es ist,
oder nur das,
was es scheint,
oder sein sollte,
und eben nicht,
das ist,
was es ist,
oder doch?

Einen Augenblick am Tag

Lass dich fallen,
atme tief durch,
spüre dein Herz,
horche in dich,
fühle nur dich,
sei wie du bist,
denke einfach frei,
fühle dein Leben,
fühle dein Glück,
wenigstens einen Augenblick am Tag.

Sterben

Leise rieselt der Sand,
durch das Stundenglas,
die wilden Tage,
und meine Sünden,
ziehen an mir vorbei,
mir bleibt keine Zeit,
die letzten Körner rieseln,
gleich ist es vorbei,
eine ganze Ewigkeit,
dauert eine Sekunde,
dann ist es soweit,
grelles Licht holt mich nachhause,
ich ziehe wieder ein,
ins Paradies.

Kann dir nicht helfen

Lesen kann ich und verzeihen,
doch ich kann nicht bei dir sein,
in dieser schweren Stunde,
dabei ist es eigentlich unsere Runde,
jetzt sollte ich zu dir stehen,
und gemeinsam mit dir gehen,
doch dann wird alles nur schlimmer,
und in Ordnung kommt es nimmer,
die Daumen drück ich dir,
und verkneif jede Hilfe mir,
was könnt ich auch tun,
außer gerade jetzt zu ruhn?

Ich denk an dich

Weinst du in der Dunkelheit,
nimmst es schwer mit der Einsamkeit,
hast Angst auch vorm Sonnenschein,
und willst nicht mehr alleine sein,
bist depressiv du auch bei Regen,
und hast alle Hoffnung aufgegeben,
steh auf und sei nicht lächerlich,
denn ich denk doch an dich.

Zum Geburtstag

So dann und wann komm ich zur Ruh,
und denke einfach nur nanu,
wie ist die Zeit bisher vergangen,
Schlechtes vergeht schleppend, Gutes im Fluge,
glaub ich wirklich dieses Gedanken Truge,
Zeit ist relativ, das weiß doch jedes Kind,
dabei ist sie mal langsam und mal geschwind,
doch egal was der Sekundenzeiger sagt,
das Große und Einzige was mich plagt,
ist, dass ich täglich älter werde,
und irgendwann auch mal sterbe,
an jedem Geburtstag wird es mir bewusst,
obwohl ich es von Anfang an gewusst,
doch jetzt genieße ich das Gute und das Schlechte,
egal, alles gehört dazu, es ist Leben, das Echte.

Bauch auf Bauch

Kamasutra,
rauf und runter,
von hinten und von vorne,
all das hab ich mit dir gemacht,
doch was hat es uns gebracht,
Verrenkungen und blaue Flecken,
die keine neuen Gefühle mehr wecken,
lieben uns jetzt wie vorher auch,
Altdeutsch, einfach Bauch auf Bauch.

<u>Wo ist der Leuchtturm?</u>

Der Wind braust,
die Wellen toben,
Nebel weit und breit,
das Wetter ist nicht ganz gescheit.

Der Turm mit Licht,
steht hoch und fest,
von Weitem schon zu sehen,
ohne ihn würden Schiffe untergehen.

Wo ist der Turm im Leben,
das frage ich mich sooft,
wenn ich im Dunkeln steh,
und diesen Turm nicht seh.

Unerfüllte Liebe

Das Sonnenlicht stiehlt sich durch die Blätter der Bäume,
und verjagt so den Morgennebel des Waldes,
der Mond, der die Nacht erhellte,
ist kaum noch zu sehen,
der frische Wind vertreibt den Moosgeruch,
der Wald ist hell und klar, die Sonne wärmend,
wir kriechen müde, aber lächelnd, aus dem Zelt,
und lieben uns ein letztes Mal zwischen all den Farnen,
dann packen wir alles zusammen und gehen fort,
nicht zusammen, jeder taucht wieder in seinen Alltag ein,
die Sehnsucht quält, niemand weiß,
wann wir uns wiedersehen,
nur einer von uns ist frei, der andere wäre es gerne,
damit wir immer zusammen sein können,
den Alttag teilen,
was ist schlimmer, als eine unerfüllte Liebe?

Ich nenne es Liebe

Eine Umarmung,
im Sonnenlicht,
bei Sommerwind.

Liebe will sie sagen,
wird niemals vergessen,
egal was passiert.

Ein Kuss dazu,
die Herzen schlagen schneller,
Augen essen einander auf.

Hände fühlen,
Leiber zittern,
bis zum Ende.

Danach in deinen Armen,
nie wieder aufstehen,
vertraute Ruhe.

Finden immer zusammen,
wie kann das bloß sein,
ich nenne es Liebe.

Kann dich nicht vergessen

Vor dem Bier träum ich von dir,
bei den ersten drei ist es einerlei,
danach fang ich an zu hassen,
ab dem zehnten wirst du mir egal,
alles, was ich dann weiter sauf,
ist nur neutral und ohne dich,
bis auf den Schmerz, der nie ruht,
am nächsten Tag beginnt es von vorn,
ich kann dich nicht vergessen,
kann nicht schlafen und nicht essen,
nichts hilft mir, am wenigstens das Bier.

Strandgut

All das, was ich durchgemacht,
weggeworfen, vergessen habe,
holt mich eines Tages wieder ein,
und liegt auf meiner Seele,
wie das Strandgut im Sand,
muss es sammeln und verarbeiten,
damit die Seele zur Ruhe kommen kann.

Wellen am Strand

Die Wellen schlagen an den Strand,
an dem ich,
an einem kalten Tag mit dir einst stand,
alles ist hier so wie es damals war,
nur du bist nicht mehr da,
der Wind streichelt mein Gesicht,
denn deine Hände tun es nicht,
die Zeit war schön,
doch ich muss gehen,
ich weiß,
ich werde dich nie wieder sehen.

Eines Tages

Eines Tages schaute ich in den Spiegel,
und stellte fest,
ich bin älter geworden,
die Sünde steht mir ins Gesicht geschrieben,
und mein Herz ist voller tiefer Spuren,
doch ich mache weiter wie bisher,
und gehe stolz voran,
was ich erlebte,
träumt ihr bloß,
und darauf bin ich stolz.

Mit Engeln geflogen

Mit Engeln geflogen,
im reinsten Licht,
durch Zeit und Raum,
ohne jedes Ziel,
den Sinn gefunden,
keine Zweifel mehr,
und weich gelandet,
im Hier und Jetzt,
wieder zurück,
ist all das Neue fort,
der Flug ein Traum,
der Sinn nur Schaum.

Oder auch nicht

Die Tränen, die trocknen,
jedenfalls irgendwann,
an dem Tag, den du willst,
sind sie noch feucht und nass,
und wenn du nicht mehr damit rechnest,
sind die Augen klar und schön,
und sehen jemanden an,
den du vielleicht kennst,
oder auch nicht,
der dich schon lange anguckt,
oder auch nicht,
bist du offen dafür,
es wird vielleicht die eine Liebe werden,
oder auch nicht.

Ein Spiel

Meine Lippen berühren deine,
ein schönes Gefühl,
durchläuft meinen Körper,
meine Lippen lassen nicht los,
viel zu schön ist das Gefühl,
meine Zunge spielt mit deiner,
und kreist sie ein,
Lippen und Zungen spielen,
und lassen nicht mehr los.

Ich muss mal danke sagen

Ich muss mal danke sagen,
zu allen, die mich verlassen haben,
und mir so neuen Raum gegeben haben,
Raum für neue andere Wege.

Ich muss mal danke sagen,
zu allen, die mich mal belogen haben,
nur so konnte ich die Wahrheit sehen,
und daraus frische Kraft tanken.

Ich muss mal danke sagen,
zu allen, die mich aufgegeben haben,
nur so konnte ich Berge versetzen,
und hatte auch den nötigen Mut dazu.

Ich muss mal danke sagen,
zu allen, die mich verraten haben,
dadurch verlor ich meine Trägheit,
und wurde wieder aufmerksam.

Ich muss mal danke sagen,
zu allen, die sich von mir abgewandt haben,
so lernte ich Neues kennen,
denn Neues ist immer gut.

Ich muss mal danke sagen
zu allen, die mich verletzt haben,
so lernte ich Schmerzen zu ertragen,
denn dadurch wurde ich erst stark.

Ich muss mal danke sagen,
zu allen, die mich lieben, wie ich bin,
und zu mir halten, egal was ist,
denn nur so kann ich weiterleben.

Verschiedene Sprachen

Deine Augen verraten dein Leben,
dein Blick spricht Bände,
deine Gefühle, deine Lügen,
alles zu sehen, offen vor mir,
kannst es nicht verbergen,
auch wenn du willst,
muss damit leben,
wie du auch,
aber es wird nicht besser,
denn Mund und Augen,
sprechen verschiedene Sprachen,
und selten die gleiche,
was soll ich davon halten?

Dein Ding

Du kannst so viel,
und bist doch nichts.
Andere sind viel,
und können nichts.
Genieße dein ruhiges Leben,
und sei dadurch besser.
Lass andere reden,
und mach dein Ding.

Irgendwo

Auf dem Weg zum Irgendwo,
brauche ich Zeit,
nicht zum Suchen,
sondern zum Finden,
niemand kann helfen,
bin ganz alleine,
und gehe geradeaus,
ohne Umwege,
suche nicht,
bis ich finde.

Träume umsetzen

Wenn du mehr an die Träume
der Zukunft denkst,
als du dich mit der Geschichte
der Vergangenheit beschäftigst,
bist du auf dem besten Weg
zur Glückseligkeit.
Vergiss aber dabei nicht,
Träume wollen umgesetzt werden,
sonst sind sie weniger wert,
als die Vergangenheit.

Oft schwierig

Ich weiß nicht,
warum ich bin,
wie ich bin,
und warum die Dinge sind,
wie sie sind,
ich weiß nur,
dass ich bin,
wie ich bin,
und die Dinge sind,
wie sie sind,
und das ist oft schwierig.

Bei dir sein

Der Wind singt mir ein Lied,
es geht dabei um dich,
die Melodie ist sanft,
und klingt so rein,
mit dir allein,
will ich glücklich sein,
so geht der Text ein Stück,
während ich so lausche,
stolpert die Zeit,
doch sie fällt nicht hin,
das Lied ist aus,
der Wind – nur rauschen,
doch in Erinnerung,
weiß ich,
dass ich bei dir bin.

Ferne Sterne

Ferne Sterne,
glitzern am hellsten,
in den Träumen der Nacht,
wenn das Warten ein Ende hat.

Ferne Sterne,
funkeln so tief,
in den Tränen der Liebe,
als wären sie Herzensdiebe.

Ferne Sterne,
leuchten unnahbar schön,
in den Weiten der Welt,
wenn Sehnsucht wird Unendlichkeit.

Nur ein Traum?

Mit dir am Strand,
das Rauschen des Meeres,
der Wind gleich mit deinem Atem,
an meinem Ohr,
näher war ich dir nie zuvor,
die Sonne, die im Meer versinkt,
in dem alles nach Unendlichkeit klingt,
auf den Wellen der weiße Schaum,
sag war alles nur ein Traum?

Tickets fürs Leben

Gegen dich ein alter Mann,
doch schon bist du in seinem Bann,
hattet eine zauberhafte Zeit zu zweit,
doch wie lange dauert die Ewigkeit,
musst es trotz allem doch versuchen,
das nennt man Tickets fürs Leben buchen.

Loch ohne Wiederkehr

Habe jetzt wieder Angst,
vor der Leere,
die mich umgibt,
etwas Sehnsucht ist noch,
und ich weiß auch,
dass bessere Zeiten kommen,
trotzdem falle ich tief,
in ein Loch,
ohne Wiederkehr,
und das tut nicht nur weh,
sondern es lähmt mich,
unendliche Traurigkeit,
fließt durch meinen Körper,
wie Starkstrom,
nichts ist mehr da,
von Glück und Zuversicht,
so als ob ich gestorben wäre,
und meine Hülle steif hier sitzt.

Wichtige Zeit

Im Dunkel der Nacht liegt Erinnerung,
Erinnerung an eine andere fremde Zeit,
Zeit die Vergangenes im Spiegel zeigt,
und mich das Schicksal erkennen lässt,
Zeit, die ich schon verloren glaubte,
aber doch so unentbehrlich brauchte.

Gemeinsam einsam

Fühlen uns unverstanden,
und können uns nicht verstehen,
im Alltag werden Küsse flüchtig,
und Berührungen selten,
liegen zwar in einem Bett,
aber jeder auf seiner Seite,
belanglos ist die Zweisamkeit,
können gut aneinander vorbei reden,
und streiten über Kleinigkeiten,
sind längst gemeinsam einsam.

<u>Skorpion</u>

Das todbringende Tier,
voller Sehnsüchte und Phantasie,
ernsthaft und tiefgründig sein Charakter,
Leidenschaft und Emotionen leiten ihn,
genau wie Triebe und Aggressionen,
zäh und leidensfähig ist er immer,
Treue und Opferbereitschaft,
machen ihn fertig,
seine Wandlungsfähigkeit,
wird oft falsch verstanden,
denn er ist provokant,
und sarkastisch,
tiefste Gefühle in alle Richtungen,
alles oder nichts ist sein Motto,
meistens auch sehr intolerant.
Aber lebt es sich so nicht am besten?

Grabes Stille

Grelle Sonne,
warmes Licht,
mitten aus dem Leben gerissen,
war noch jung,
nicht zu früh,
genau die richtige Zeit,
alle erschrocken,
in tiefer Trauer,
sie verstehen nicht,
dunkles Loch,
in feuchter Erde,
in dem helles Licht,
immer heller wird,
so gehe ich nachhause,
Grabes Stille,
gib mir Ruhe,
gib mir Kraft.

Vom Winde verweht

Vom Winde verweht,
ist unsere Liebe,
wo ist unser erster Kuss,
die erste Nacht einfach fortgebracht,
der Wind hat viele Nächte verweht,
und zerrt an meinen Erinnerungen,
bald sind auch sie vom Winde verweht.

Nachtgedanken

Nachts, wenn die Welt mit Tränen gefüllt ist,
die Sonne sich verschämt weit weg versteckt,
und das Mondlicht den Menschen anführt,
ist die Zeit der ganzen Ewigkeit entzweit,
das Dunkle tief hassend und Angst vor Schlaf,
depressiv die schwarzen Albträume wandern,
bis zum Morgengrauen hin leidend wach,
den Schmerz der Seele tief fühlend ertragen,
und warten auf das erste helle Morgenlicht.

Unsterblich

Wir machen alles,
machen es jetzt,
worauf warten,
wozu träumen,
wenn wir Träume leben können,
holen uns die Sterne,
warum nicht,
schieben die Wolken einfach weiter,
wie ein wilder Wind,
gleiten auf Sonnenstrahlen,
haben keine Zweifel,
und denken nicht nach,
handeln statt warten,
sind zärtlich wie der Regen,
in deinen Augen nur Glückseligkeit,
und in deinem Herzen Freiheit,
Liebe so tief wie das Meer,
zusammen sind wir unsterblich,
was wollen wir mehr?

Zeit und Liebe

Die Seele ohne Glauben,
das Herz hat keine Hoffnung mehr,
wenn Träume aufgegeben werden,
ist es zu spät für dich,
es wird unendlich kalt,
um dich herum,
Angst und Panik sind die Gefühle,
die dich beherrschen,
Zeit heilt keine Wunden,
sie ist der schlimmste Zustand von allen,
noch viel schlimmer, als die Liebe selbst.

Wie ein Riesenrad

Das Leben ist wie ein Riesenrad,
mal ist man ganz unten,
mal ist man ganz oben,
doch die meiste Zeit über,
ist man irgendwo dazwischen.

Symphonie des Todes

All meine Träume sind verloren,
was soll ich noch auf dieser Welt,
all meine Freude ist gewichen,
der Sinn des Lebens ist zerstört.

Ich möchte nur noch sterben,
wie stelle ich das an,
mich selbst einfach richten,
ist vielleicht zu einfach.

Wollte nach den Sternen greifen,
helle Seele, immer vorwärts,
doch alles ging nach hinten los,
sinnlos jetzt, grau in grau.

Nun ist das Ende nah,
sehe es endlich ein,
will sterben, nur sterben, sterben,
meine Stunde ist jetzt gekommen.

Leeres Herz

Stürme toben durch mein Herz,
und verursachen den Schmerz,
wie immer sehn ich mich nach dir,
und du bist wie immer nicht bei mir,
verbannen will ich ihn, den Schmerz,
doch wie liebt man mit leerem Herz?

Heute Nacht

Wann kommst du zum Streicheln,
damit du durchs Streicheln kommen kannst,
heute Nacht kommt uns nichts dazwischen,
endlich sind wir zusammen,
haben lange darauf gewartet,
soviel spricht dagegen,
und doch haben wir es geschafft,
ich will dich streicheln, heute Nacht.

Ein verletzter Mensch

Ein verletzter Mensch,
weint einsam seine Tränen,
vertraut sich niemandem an,
sein Herz beginnt zu bröckeln,
keine heilende Hand,
er möchte so gerne jemanden finden,
der ihm die Tränen trocknet,
doch wenn niemand kommt,
weint er immer weiter,
Tränen schwemmen das Herz hinfort,
wo es mal war, was ist dann dort?

Nie gelebt

Die meisten leben nur,
weil sie atmen,
und noch nicht tot sind,
worauf sie aber warten,
auf ihren Tod,
unbewusst und doch bestimmt,
denn sie sind Ignoranten,
und dabei ferngesteuert,
kein eigener Gedanke,
wozu auch, die Zeit läuft,
machen sich was vor,
am Schluss nur Angst,
und keine Gnade,
leben sie immer noch,
obwohl sie nie lebten.

Typisch Deutsch

Kein Licht im Dunkeln,
Mitleid, nur für sich selbst,
Schuldgefühle wegen damals,
und keine neue Welt,
Schulden, Hoffnung,
aber kein Aufbruch,
der Arsch am Stuhl festgeklebt,
keine Fehler zugeben,
nichts daraus lernen,
und den Finger,
immer nur auf andere gerichtet,
Angst vor allem Neuen,
lässt alles mit sich machen,
ohne Gegenwehr,
ein Extrem jagt das andere,
Trümmer oder Himmelsschlösser,
etwas dazwischen gibt es nicht.

Am Weihnachtsbaume

Am Weihnachtsbaume,
die Englein baumeln,
dickes Strick,
zu dumm die Welt,
nur Geld und Elend,
ein Teufelskreis,
Engel sein macht keinen Sinn,
zu kaputt ist der Mensch,
irre, widersprüchlich und feige,
Egoisten, Rassisten und Imperialisten,
schaffen diese Welt,
viele Engel gemordet,
der Rest hat sich erhängt.

Von Zeit zu Zeit

Von Zeit zu Zeit, kommt Zeit,
Zeit mit dir, Zeit ohne dich,
Zeit ist immer Zeit, zu jeder Zeit,
Zeit, an dich zu denken,
und doch niemals Zeit, nicht an dich zu denken.

Von Zeit zu Zeit, ist Zeit zu zweit,
die Zeit, die stehen bleibt,
Zeit dich zu fühlen, Zeit dich zu streicheln,
Zeit bist du und Zeit bin ich,
Zeit mit dir ist Zeit in Ewigkeit.

Von Zeit zu Zeit, ist Zeit so weit,
Zeit die traurig ist, Zeit die glücklich ist,
Zeit hat viel Zeit, zu denken,
Zeit hofft, Zeit weiß, Zeit kann,
Zeit ist Zeit, soweit Zeit Zeit sein kann.

Mein Himmelreich

Wenn du erkennst,
dass ich leide,
obwohl ich lächele,
wenn du siehst,
hinter meinem Hass,
steht meine Liebe,
wenn du weißt,
warum ich schweige,
dann hast du mein Himmelreich gesehen.

Noch mal

Du schmeckst nach Liebe,
und riechst auch so,
mit dir habe ich die beste,
liebesbejahendschöne Zeit gehabt,
komm reich mir deine Hand,
wir gehen noch mal los,
dieses Mal nur geradeaus.

Zwei Sterne

Zwei Sterne am Himmel stehen,
warum kann ich es nicht verstehen,
zwei Sterne am Himmel stehen,
nur für zwei sind sie zu sehen,
zwei Sterne am Himmel stehen,
ihre Lichter werden niemals gehen,
zwei Sterne am Himmel stehen,
fast drei, zum Glück nicht geschehen,
zwei Sterne am Himmel stehen,
nun müssen wir die Zeit bestehen,
zwei Sterne am Himmel stehen,
was hilft dabei alles Flehen,
zwei Sterne am Himmel stehen,
werden ewig ihre Bahnen drehen.

Auf der Suche nach dir

Auf der Suche nach dir,
hab ich mich verloren,
auf der Suche nach dir,
hab ich mich gefunden,
auf der Suche nach dir,
hab ich dich gefunden,
allein gabs nicht mehr,
gemeinsam war alles,
was wir wollten,
doch es gibt viele Wege,
und auf einem,
verlor ich dich aus den Augen,
und wieder bin ich allein,
und nun such ich dich,
denn ich brauche dich.

D- 20359

20359 der Ort an dem wir tun, was wir wollen,
keiner sagt uns was richtig oder falsch ist,
wir machen einfach immer weiter,
20359 wir lieben dich, wir hassen dich,
du gibst uns alles und du gibst uns nichts,
meistens bist du besoffen und auf Droge,
dreckig, aber für uns bist du schön,
20359 du bist der Ort gegen Langeweile.

Ich vermiss dich auf dieser Reise

Finger, die zärtlich ertasten,
ohne gefühllos weiter zu hasten,
zwischen meinen Beinen verweilen,
ohne ständig weiter zu eilen,
warm kommt die Welle über mich,
und ich denke leise,
ich vermiss dich auf dieser Reise.

Lohn

Hätte, wenn und aber,
ist nur dummes Gelaber,
von den Schwachen,
über die wir lachen,
packen es eisern an,
und bleiben auch dran,
machen uns nichts vor,
schon gar nicht bevor,
etwas gar erledigt ist,
verzapfen keinen Mist,
die Erwartungen klein,
dann ist Arbeit fein,
nur so kommt Lohn,
ganz allein, ohne Hohn.

Lüstern flüstern

Ihr sanftes flüstern,
klingt einfach lüstern,
ihr Körper, der zittert,
weil sie Liebe wittert,
will Leidenschaft pur,
seinen Körper dabei nur,
sie bekommt was sie mag,
auf dem Rücken sie lag,
ist auch voll mit dabei,
Gedanken sind einerlei,
dann zufrieden sie gurrt,
schläft ein und schnurrt.

Der Tod kann warten

Dunkle Tage,
schwarze Gedanken,
dumpf pocht es an der Tür,
der Tod klopft an,
und will mich holen,
ich knalle die Tür zu,
will noch leben,
ignoriere seine Rufe,
leck mich, sage ich,
und ziehe einfach weiter,
soll er warten,
bis ich Lust habe zu sterben.

Mein Ziel bist du

Was geht mich der Schmerz der Welt an,
wenn ich auf dem Regenbogen der Liebe dahinreite,
verzückt von nie gekannten Gefühlen,
bin ich leicht wie eine Feder,
und all meine Sinne haben nur ein Ziel,
und das bist du.

Alles aus

Es ist relativ leicht,
ein Herz zu erobern,
und noch leichter,
ein Herz zu zerstören,
ich weine nicht wegen dir,
und auch nicht wegen mir,
wir sind beide stark genug,
aber ich weine um uns,
unser Bund hat nicht gehalten,
haben ihn zerstört,
keiner alleine hat Schuld.

Was ist Liebe,
und was ist Realität,
hatten wir die große Chance,
oder waren wir nur Blätter im Wind,
die sich zufällig trafen,
und ein Stück gemeinsam flogen,
wer weiß die Antwort,
und was kommt danach,
ich kenne nur noch Tränen,
und weiß sonst nichts mehr,
alles ist so anders, so leer.

Für mich

So bin ich frei,
Ketten aus Gummi,
sanft angelegt,
und locker gemeint,
so viel Vertrauen,
werde ich nicht ausnutzen,
du hast mein Wort darauf,
manchmal muss ich durchdrehen,
so bin ich eben,
treu aber dir, liebe dich,
mach es auch so, für mich.

Hilflos

Hilflos und endlos in den Weiten,
muss ich immer weiter schreiten,
wonach soll ich streben,
wie lange werde ich leben,
was hat das Leben für einen Sinn,
ich weiß noch nicht mal wer ich bin,
wenn ich von dieser Erde gehe,
und mich dann dabei sehe,
bin ich im Gedanken rein,
kann es nicht im Leben sein.

Hauptsache geil

Samtig und bescheiden,
wie eine Pfirsichhaut,
fest und saftig,
auch in Birnenform,
rund und knackig,
wie ein Apfel,
oder dick und wohl geformt,
wie ein Kürbis so prall,
ist mir egal,
Hauptsache geil.

Ein Kuss für dich

Ein Kuss, der dich im Schlaf berührt,
ein Kuss, der dich im Traum verführt,
ein Kuss, so lieb, so rein, so sachte,
weil ich schon wieder an dich dachte,
ein Kuss, leise auf den Mund gehaucht,
das habe ich jetzt einfach mal gebraucht.

Ich will glücklich sein

Dich fest im Arm haltend,
und dicht an dich gepresst,
schlafe ich nun ein,
dich lieb küssend,
werde ich von dir träumen,
schenk mir einfach diese Nacht,
und schenk mir jede Nacht,
du süßer Traum,
ich will glücklich sein.

Die Liebe sagt

Die Liebe sagt, hier bin ich, also nimm mich,
die Vernunft sagt, Liebe ohne mich wird Chaos,
das Gewissen sagt, es bringt nur Probleme.

Die Liebe sagt, aber hier bin ich, so ist es gut,
die Vernunft sagt, das kann aber nichts werden,
das Gewissen sagt, das soll so nicht sein.

Die Liebe sagt, doch so soll es sein, so war es immer,
die Vernunft sagt, am Ende ist dann alles kaputt,
das Gewissen sagt, nur ein bisschen geht nicht.

Die Liebe sagt, lass dich ruhig drauf ein.
Vernunft und Gewissen weinen ins Kissen.

Mein Herz wandert

Mein Herz wandert schnell zu dir,
was soll es alleine hier?
Bei dir ist es warm und weich,
dem Himmel gleich.
So gibt es einen Sinn,
bis ich von dir besinnungslos betrunken bin.

Zauberfleisch

Ich knabbere an dem Zauberfleisch,
zwischen deinen zarten Schenkeln,
und es verzaubert mich wieder mal,
so wie es das immer bei mir schafft,
und nach einer endlos geilen Weile,
bist auch du wieder mal verzaubert.

Vom Frühling

Du riechst wie die Frühlingsluft,
so sanft und rein dein Duft,
scheinst hell wie die Sonne,
ich komm` zu dir mit Wonne,
deine Augen sind ein Gedicht,
sehe Frühling in deinem Gesicht,
der nächste Kreislauf startet,
Frühling, mein Herz das wartet.

Zu was bist du bereit?

Ein schöner Tag, die Sonne brennt,
ich hab fast bis mittags gepennt,
doch der Tag war schön für mich,
denn ich glaube immer noch an dich,
du bist so schön und auch so weit,
zu was bist du eigentlich bereit?

Schokolade

So schön braun bist du,
manchmal schwarz oder weiß,
aber immer lecker,
egal ob süß oder bitter,
mit oder ohne Füllung,
dir zu widerstehen ist schwer,
ein Stück nur, oder einen Riegel,
am besten gleich alles,
denn es gibt so viel von dir,
du schenkst mir Glücksgefühle,
und auch etwas Speck,
das Leben wird bunter,
bist nicht gänzlich ungesund,
ich beiß dich, ich lutsch dich,
ich schling dich, ich freu mich,
denn du verführst jeden Tag.

Kommt unsere Zeit?

Deine Haut, so weich und fest,
deine Augen sind ein Himmel,
nach all der ewig langen Zeit,
haben wir uns noch gefunden,
eine unvergessliche Nacht,
zwei Seelen sind verbunden,
kommt jetzt noch unsere Zeit?

Gib mir noch mehr

Haben uns in Liebe verloren,
und ewige Treue geschworen,
Probleme schaffen wir zu zweit,
da ist Glückseligkeit nicht weit,
ich liebe dich heute, ich liebe dich sehr,
ich liebe dich morgen, gib mir noch mehr.

So weit es geht

Wenn mein Herz sich überschlägt,
und aller Zweifel sich legt,
dann weiß ich, ich habe dich gefunden,
und fühle mich mit dir verbunden,
zusammen gehen wir dann,
so weit man eben gehen kann,
lass uns zusammen alles machen,
auch die ganz geheimen Sachen,
wenn es dann am Ende nicht klappt,
haben wir wenigstens eine schöne Zeit gehabt.

Sind verbunden

Du und ich,
Hand in Hand,
am Sylter Strand,
ein tiefer Blick,
in deine Augen,
mein Herz ist froh,
glücklich bist du,
und ich auch,
so sind unsere Stunden,
Liebe knistert,
sind verbunden,
zwei Seelen,
haben sich gefunden.

Deine Augen lügen nicht

Alte Zeit ist so nah,
Vergangenes so fern,
hatten verschiedene Leben,
sind doch verbunden,
haben beide viel erlebt,
Tränen sind getrocknet,
Wunden sind verheilt,
Narben tragen Stolz,
wir sind jetzt gereift,
unser Sein ist aufrecht,
Worte, Blicke wunderbar,
ich will dich sofort,
du stößt mich weg,
doch deine Augen lügen nicht.

Hast du nicht gefühlt?

Hast nicht gefühlt,
dass ich vorbeigegangen bin,
hast du nicht gefühlt,
dass ich dich berührt habe,
hast du nicht gefühlt,
dass ich dir die Hand reichte,
hast du nicht gefühlt,
dass ich geschwebt bin,
wie ein Engel um dich herum?

Bei Nacht und Nebel

Bei Nacht und Nebel,
entgehe ich Schlafes Knebel,
ich wandle durch die Zeit,
bin dabei zu allem bereit,
nehme einfach alles mit,
auf diesem geilen Trip.

Die Kleine

Die Liebe klopft an meine Tür,
was will die Kleine denn von mir,
ist´s ihr ernst oder nur Spaß,
mein kleines Herz das rast,
unverhofftes Glück im Leben,
tausend Gefühle fangen an zu beben,
doch Vernunft ist der Gewinner,
so ist das am Ende leider immer.

Wenn Liebe leise kommt

So schleichend heimlich,
ein kleines Lächeln nur,
schüchtern und rein,
hier und dort ein Blick,
kaum wahrnehmbar,
die erste zarte Berührung,
wie ein Zufall dann,
eine kleine Aufmerksamkeit,
so ganz nebenbei,
dann der erste Kuss,
ein leichter zarter Hauch.

Das Gänseblümchen

Das Gänseblümchen sagt,
du liebst mich,
wenn ich es zupfe,
das Gänseblümchen sagt,
du liebst mich nicht,
wenn ich es rupfe,
das Gänseblümchen sagt,
du liebst mich,
wenn ich es frag.

Die Erinnerung

So sexy gekleidet,
dreckig gesprochen,
versaut im Bett,
der Duft der Nacht,
verführt mich noch,
ins Gehirn gebrannt,
die Erinnerung.

Der Tod klopft an der Tür

Es klopft der Tod an meine Tür,
ich kann doch nichts dafür,
die Zeit noch nicht vorbei,
ist dem Tod doch einerlei,
stehe auf seiner Liste,
holt mich für die Kiste,
kann nicht entkommen,
das Leben ist mir genommen.

Über den Dingen schweben

Du bist mein schönster Traum,
unsere Liebe hat viel Raum,
ich möchte deine Nähe spüren,
und dich dabei verführen,
ich in deinem Himmelreich,
das ist ist für mich gottesgleich,
so lass uns weiter leben,
über den Dingen schweben.

Melancholie

Melancholie, die Königin der Philosophie,
die Macht, das Tiefe zu verzerren,
die Angst, über dem Abgrund zu stehen,
und daraus alles zu schöpfen,
vollkommende Dunkelheit und Tod,
immer wieder, tiefer und tiefer.

Die Sau muss wieder raus

Oh Brüder lasst uns lachen,
im Herzen richtig Feuer machen,
die Sau muss wieder raus,
endlich wieder aus dem Haus,
genug der endlosen Quarantäne,
laufen muss die Bierfontäne.

Angst und Liebe

Angst und Liebe,
kämpfen in deinen Augen,
Liebe für mich,
ich kann es sehen,
Angst vor mir,
ich sehe es auch,
siegt die Liebe,
oder doch die Angst?

Der Schatten drum rum

Der Schatten um dich herum,
ist das, was du ablehnst,
was du nicht sein willst,
und das, was du dadurch anziehst,
nicht loswerden kannst,
und dadurch ständig lebst.

Für die Kinder

Als ihr in mein Leben tratet,
so jung und ungeartet,
war ich glücklich und stolz,
das Leben kennt noch anderes Holz,
vorbei die lange Weile,
ihr treibt mich an zur Eile,
Windeln wechseln, Fläschchen geben,
ja so ist das eben,
doch ihr gebt so viel zurück,
jeden Tag bin ich verzückt,
lachen, toben, lautes Spielen,
und bis zum Umfallen schielen,
ich geb euch all meine Liebe,
ihr beiden Herzensdiebe.

Du bist mein Glück

In dich verliebe ich mich täglich neu,
wenn du lächelst, geht mein Herz auf,
und ich kann unsere Verbundenheit spüren,
du weckst Gefühle tief in mir drinnen,
die ich so noch niemals zuvor empfunden habe,
du bist mein Glück und es wird immer noch mehr.

Ein Zubettgehgedicht

Schau wo der Zeiger steht,
es ist schon wieder so spät,
der Tag war sehr nett,
doch nun musst du ins Bett,
wir haben viel gelacht,
doch jetzt sag gute Nacht,
Träume in die Nacht hinein,
morgen werden wir wieder fröhlich sein.

Durch alle Feuer

Deine Vergangenheit kommt immer zurück,
je weiter du sie weggeworfen hast,
desto eher ist sie wieder bei dir,
sie lässt dich durch alle Feuer gehen,
und gibt dir erbarmungslos alles wieder.

Anders im Denken

Die Zeit ist dunkel,
am Ende Einsamkeit,
anders im Denken,
zuletzt bin nur ich,
ohne Halt im Sturm,
Verständnis der Ignoranten,
gibt es nicht,
so kommt es,
so geht es,
das Ende ist in Sicht.

Dadurch bin ich frei

Ich halte, was ich habe,
ich vergesse, was mir weh tat,
ich kämpfe, für meine Sache,
ich liebe den, der gut zu mir ist,
ich hasse die, die gemein sind,
ich warte auf den besseren Moment,
dadurch bin ich frei.

Himmelsgeschenk

Du weißt gar nicht, wie wichtig du für mich bist,
wie schön es ist, wenn du bei mir bist,
wie aufbauend dein Lachen ist,
du machst mein Leben reicher und schöner,
und so viel besser als irgendwas,
du bist mein Himmelsgeschenk.

Alle Farben sind grau

Wenn Tage sterben,
sind alle Farben grau,
die Gedanken trübe,
nichts bringt Liebe,
den Kopf in den Sand,
und alles aus,
so ist es dunkel,
alles zieht vorbei.

Der eigene Abgrund

Die besten Freunde sagen einem,
dass man auf einen Abgrund zugeht.
Dann lächelt man und geht weiter.
Denn es ist der eigene Abgrund,
in den man fällt.

Morgen muss es wieder Vollgas sein

Lieblich in der Stille liegend,
zart und ruhig sich wiegend,
schläft das kleine Kindelein,
in seinem warmen Bettelein,
in die frische Windel pullernd,
ab und zu noch leise leise schnullernd,
schläft es ruhig und langsam ein,
morgen muss es wieder Vollgas sein.

Höhere Gewalt

Kein Blick in deine Augen,
kein Kuss von deinen Lippen,
der Tag scheint verloren,
ich weiß nicht wohin,
mal wieder höhere Gewalt,
trennt mich von dir,
wie oft noch Tränen weinen,
wie oft noch endlos warten,
bis wir uns wiedersehn?

Ich gehe durch den Frühling

Ich gehe durch den Frühling,
bunte Blüten und das viele Grün,
der Geruch des Lebens um mich herum,
zwitschernde Vögel, summende Insekten,
die strahlende Sonne vitalisiert,
Frühling du bringst Neues,
schön und herrlich anzusehen.

Jeden Tag ein Lächeln

Jeden Tag passiert so viel.
Und einen Teil davon bekomme ich auch immer ab.
Im Guten und im Schlechten.
Allerdings – meistens passieren mir die guten Sachen.
Ehrlich.
Vielleicht liegt das am Lächeln.
Man sollte immer lächeln, egal was ist.
Denn ein Lächeln öffnet so manche verschlossene Tür.
Lächelt ihr wenigstens einmal am Tag, auch wenn es
nicht so gut läuft?

Manchmal wacht man auf

Manchmal wacht man auf,
und alles ist unerwartet anders,
so anders, dass man lächeln muss,
bei dem Gedanken daran.
Wie kann es sein,
nach all der Zeit?
Soviele gebrochene Herzen
und nochmehr verlorener Zeit.
Jetzt das Gefühl,
angekommen zu sein,
auf der Reise, die schwierig war.

Angeschlagen

Angeschlagen von des Lebens Kraft,
bin ich fertig, bin ich abgeschlafft,
immer wieder einen oben drauf,
schlechte Zeiten gibts für mich zu Hauf,
so geht das alles vor sich hin,
und es gibt dabei auch einen Sinn,
der ist nicht immer leicht zu verstehen,
und so wird es immer weiter gehen.

Alleine unter Tausenden

So bin ich denn alleine unter Tausenden,
kann nicht entspannen, nicht rasten, nicht ruhen,
kein Verständnis der anderen,
doch was soll ich tun,
meine Uhr tickt anders, tick tick tack.

Im Herbst

Im Herbst, die Lichter bunter,
Natur färbt sich das Kleid,
Sonne schwach und schwächer,
Regen gewinnt an Traurigkeit,
Schatten lang und länger,
erster Frost in Dunkelheit,
Nebel wabert schüchtern,
Stille liegt in Ewigkeit.

Mein stärkster Feind

Du bist mein stärkster Feind,
und besiegst mich immer wieder,
ich sehe dich beinahe täglich,
in meinem Spiegelbild,
aber egal was auch immer du tust,
langweile mich nicht.

Diese Frau

Diese Frau,
lange her,
unerreichbar schön,
Traumwelt pur,
Jahre vergehen,
Zeit bleibt stehen,
fremd nicht mehr,
schwere Tage,
unvergessene Momente,
dann wird's anders,
etwas fehlt,
Romantik wird's genannt,
Alltag kommt gerannt,
Streit und Leiden,
können wir das meiden?

Das verführte Herz

Verführtes Herz,
getaucht in Schmerz,
ist am Ertrinken,
vor Liebe zu versinken,
doch es war nicht Liebe,
waren nur geile Triebe,
gebrochen das Herz,
liebe nur ein Scherz,
der andere lacht,
hat es oft schon gemacht,
bis er selbst betroffen ist,
und die Liebe dann vermisst.

Noch immer

Ich sehe deine Augen, noch immer.
Ich höre deine Stimme, noch immer.
Ich betrachte dein Gesicht, noch immer.
Ich schmecke deine Küsse, noch immer.
Ich fühle deinen Körper, noch immer.
Ich rieche deinen Duft, noch immer.
Ich spüre dein Herz, noch immer.
Ich liebe dich, noch immer.

Blicke der Augen

Tiefe lange Blicke,
das Geheimnis in den Augen,
wozu schweigen,
alle sollen hören,
was wir fühlen,
Blicke verraten uns,
jeder weiß es schon,
das mit uns,
müssen noch stillhalten,
keine Ahnung warum,
wir blicken uns an,
und wissen es,
gehören zusammen,
nur wir beide,
tiefe Blicke sind Millionen Worte,
und dauern nur Augenblicke lang,
was gibt es mehr?

Die Lüge

Die Lüge, das ist die kleine Tücke,
kommt nicht heraus in einem Stücke,
sondern nur Bröckchen für Bröckchen,
so wie die vielen kleinen Schneeflöckchen,
erst kommt dabei der Verdacht,
und schon bald wird nachgedacht,
der Lüge dann überführt,
der Lügner Schande spürt,
gib lieber alles zu,
dann hast du deine Ruh,
und lass es nächstes Mal ganz,
denn nur Ehrlichkeit hat Glanz.

Kreisverkehr

Ist die Finsternis nicht geistreich,
wenn der totale Wahnsinn tobt,
eingemauert in tiefen Gefühlen,
unter dem Mantel der Verschwiegenheit?

Wenn die Dämmerung dann kommt,
spült das Licht die Gestalten fort,
am Ende hilft kein jammern,
bewusst was passiert ist, ganz unbewusst.

Lebendig in einem Traum begraben,
nur wartend auf das Ende,
bis die Nacht hell leuchtend anbricht,
erschlagend nüchtern der Neubeginn.

Puppen

Puppen tanzen,
können alles ab,
bunte Puppen,
dunkle Puppen,
Puppen weinen,
nicht wirklich,
dreckige Puppen,
kaputte Puppen,
Puppen ertragen,
was auch immer,
stille Puppen,
traurige Puppen,
Puppen bleiben,
gehen nicht fort,
schöne Puppen,
freie Puppen,
Puppen wachen,
immer über mich,
schnelle Puppen,
kalte Puppen.

Sylt im Mai

Endlich wir,
die Ruhe zu zweit,
jeden Tag fühlen,
der Strand,
das Meer,
liebten uns überall,
schöne Tage,
sommersonnenlang,
Herzen im Sand,
Blicke die sprechen,
doch nicht alles sagen,
kurz war die Zeit,
aber wichtig,
für uns,
damals auf Sylt,
im Mai.

Traurige Augen

Nun sind sie wieder traurig,
die Augen, der Blick ganz trüb,
du hattest keine Zeit für mich,
und ich zweifele inzwischen daran,
dass du je Zeit für mich haben wirst,
ich passe nicht in dein Leben,
das spüre ich ganz tief in mir,
deswegen sind sie so traurig,
die Augen, der Blick ganz trüb,
denn ich verliebte mich in dich,
doch ich sehe kein Land bei dir,
egal was ich auch unternehme,
um deine Aufmerksamkeit zu haben,
ich weiß, so was gibt es manchmal,
doch deswegen sind sie so traurig,
meine Augen, der Blick ganz trüb.

Rehe

Des Nachts liefen Rehe durch meinen Garten,
ich sah das – konnte wieder nicht schlafen,
sie fraßen alle meine Beerenblätter,
und wurden dabei immer fetter,
ich nahm aus dem Schrank das Gewehr,
und lief so hinter den Rehen her,
wollte nicht töten, sondern nur vertreiben,
interessierte sie nicht, sie wollten bleiben,
ich zielte auf sie und schoss verlegen,
traf sie nicht, schoss nur daneben,
sie liefen weg, ich ging dann schlafen,
sie kamen zurück, in meinen Garten.

Das Liebeslicht

Das Liebeslicht der Laterne,
ist schwach geworden,
kaum noch Flackern,
kaum noch Licht,
bald wird es ganz aus sein,
dunkel wie die Nacht,
sind die Gefühle,
totgeschwiegen vielleicht,
oder totgestritten,
wo ist die helle Zeit?

Warum nicht?

Kann nicht endlich Frieden sein auf dieser Welt?
Können nicht alle zusammen glücklich sein?
Der eine lernt und kauft vom anderen, nach Neuem suchen?
Rohstoffe gemeinsam aufbrauchen, Krankheiten gemeinsam
besiegen?
Forschen, leben, glücklich sein, die ganze Menschheit?
Allen helfen, für ein lebenswertes Leben überall?
Jeder so wie er mag, egal welche Rasse, Kultur oder Religion?
Tiere und Pflanzen schützen und erhalten, statt sie zu zerstören?
Hass, Neid und Geiz zu den schlimmsten Feinden erklären?
Endlich aufwachen, über den Schatten springen und was tun?

Wellen am Strand

Die Wellen schlagen an den Strand,
an dem ich,
an einem kalten Tag mit dir einst stand,
alles ist hier so wie es damals war,
nur du bist nicht mehr da,
der Wind streichelt mein Gesicht,
denn deine Hände tun es nicht,
die Zeit war schön,
doch ich muss gehen,
ich weiß,
ich werde dich nie wieder sehen.

Kann ich

Kann dir nicht die Sterne vom Himmel holen.
Kann auch keine Kunststücke verrichten.
Kann keine Wunder vollbringen.
Kann dir nichts versprechen.
Kann nur ich sein.

Kann dich lieben, so wie du bist.
Kann an dich glauben, dir vertrauen.
Kann treu sein, solange du es bist.
Kann für dich da sein, wenn du mich brauchst.
Kann glücklich sein, mit dir, für immer.

Ein Leben danach

Deine Augen sind das Licht des Lebens,
der Blick zu mir ist alles Glück der Erde,
du breitest die Flügel aus,
und fliegst mit mir ins Reich der Träume,
nimm mich und liebe mich,
bis die Ewigkeit Gegenwart ist,
und noch ein Leben danach mehr.

Das Sternenkind der Nacht

Das Sternenkind der Nacht,
ist leuchtend hell erwacht,
es glitzern Mond und Sterne,
in der stillen weiten Ferne,
wir tanzen in die Nacht hinein,
niemals mehr alleine sein,
unsere Liebe ist so lichterloh,
jeden Tag bin ich mit dir froh.

Am Fenster

Aus den Augen, aus dem Sinn,
sitze ich hier gelangweilt,
und schaue aus dem Fenster,
was ich dabei sehen kann,
kenne ich doch schon so lange,
und trotzdem ist es immer neu,
mal nass, mal trocken,
mal grün und auch mal weiß,
die Welt ist nicht so bunt,
wie ich mal dachte,
alles lässt eben doch nach,
je älter man wird,
am Fenster sitzend,
in Erinnerung schwelgend.

Der Weg zum Sieg

Den weiten Weg entlang,
das flammende Herz erloschen,
vom Sturm der Aggression,
allein gelassen ganz zum Schluss,
die Schlacht ist nun verloren,
sehe es endlich selbst auch ein,
doch der Kampf geht weiter,
muss nur kurz mal ruhen.

Der Weg gibt mir neue Kraft,
erholt mit endloser Energie,
bin ich jetzt zurück,
habe so viel dabei gelernt,
neuer Mensch im alten Kleid,
grenzenloser Hass blieb übrig,
doch ich bin die Ruhe selbst,
so gewinne ich den Krieg.

Der Weg zum Sieg ist nah,
von Problemen lange genug genährt,
dieses Mal auch ganz alleine,
Verrat und Dummheit keine Chance,
Stern des Todes heller Schein,
so bin ich, so möchte ich sein,
zurück gekommen für den Sieg,
im Kampf nachhause gehen.

Gedankenaustausch

Der Tag verscheucht die Nacht so schnell,
nun scheint die Sonne so strahlend grell,
das Leben erwacht zu neuen Taten,
gut oder schlecht, das können wir raten,
bald sehen wir dann wieder den Mond,
ich glaube fest, dass dort einer wohnt,
Tag und Nacht im ewigen Zeitenrausch,
Jahr ein, Jahr aus Gedankenaustausch.

Es gibt immer ein Morgen

Die Zeit heilt niemals alle Wunden,
in diesen dunklen langen Stunden,
ein Fünkchen Glück, ein bisschen Lachen,
aufheben für die unglücklichen Sachen,
die Welt sieht ganz plötzlich anders aus,
du kommst aus deinen Depressionen raus,
egal, welche Ängste, welche Sorgen,
denke daran, es gibt immer ein Morgen.

Was wir zusammen fühlen

Ich hab so süß von dir geträumt,
wieder fühlend in den Tag hinein,
du bei mir und ich bei dir, zusammen hier,
deine Hand, die die meine ganz fest hielt,
mein Mund der den deinen so oft küsste,
wir gingen durch das warme Blumenmeer,
unsere Herzen waren so rastlos hungrig,
werden niemals satt voneinander sein,
verliebt, verliebt, wir sind so stark verliebt,
kein schöneres Gefühl kann es je geben,
die Zeit, die nur uns gehört, steht still,
Haut berührt die Haut, liebevoll und zärtlich,
Münder küssen Münder, sanft und leise,
Worte wispern ruhig von Ohr zu Ohr,
Liebe liegt leidenschaftlich zwischen uns,
Hände tasten streichelnd unsere Körper ab,
tiefe Blicke aus den Augen endlos lang,
Küsse heiß und feucht, gefangen in sich selbst,
die Gedanken sind gleich und sie sind nur bei uns,
spielend langsam nimmt der Reiz uns mit,
auf die Reise der unhaltbaren geilen Lust,
mein Gefühl für dich, dein Gefühl für mich,
das Gefühl für das Uns – eine starke Macht,
zusammen können wir tief und lange fühlen.

Zug der Trennung

Tränen perlen auf meinen Wangen,
wie Regentropfen an den Fenstern,
sitze im Zug der Trennung,
schnell rast er dahin,
kann ihn nicht aufhalten,
habe ihn doch selbst gestartet,
Tränen ergeben ein Meer, irgendwann,
du bist alleine und liebst nur mich,
verzeih die schweren Stunden,
manchmal muss es einfach sein,
erdrückten uns zu sehr,
der Zug rast schneller,
wo fährt er hin?

Einfach nur warten

In deine Augen sehen,
und Liebe fühlen,
deinen Körper streicheln,
und endlos glücklich sein,
gemeinsam einen Sonnenaufgang erleben,
dich an meiner Seite,
dem Meer bloß zuhören,
was Wellen alles reden können,
und einfach nur warten,
bis die Sonne hinter dem Horizont untergeht,
du bist mein Leben,
meine Liebe,
bis ans Ende der Tage.

Mach dein Licht an

Mach dein Licht an,
gib der Seele Kraft,
denn vom Licht kommst du,
und ins Licht wirst du gehen,
all die dunklen Schatten,
die du brauchst,
zerfallen zu Staub,
die Erfahrung bleibt,
unsichtbar im Licht,
der Himmel lacht,
der Erde weint,
so seid ihr ewig vereint.

Toleranz der Liebe

Kann doch nicht sehen,
was du siehst,
und auch nicht fühlen,
was du fühlst,
kann es bloß versuchen,
aber genauso wird es nicht sein.
Schlaf ein, wach auf,
sieh mich an und stell fest,
zwei Menschen,
bleiben zwei Menschen,
auch wenn sie sich lieben,
und eins werden wollen,
darum versteh auch du,
Liebe heißt vor allem Toleranz.

Wachküssen

Wie ein Sonnenstrahl,
küssen mich die Gedanken an dich wach.
Wo bist du heute Morgen neben mir,
so wie die letzten Tage?
Wo warst du letzte Nacht neben mir,
so wie die letzten Nächte?

Der Pirat

Der Pirat,
übt Verrat,
will allein die Beute,
missgönnt sie der Meute,
macht sich aus dem Staub,
mit dem Gut aus dem Raub,
die anderen hinter ihm her,
sie jagen ihn so sehr,
legen ihn einfach um,
für immer ist er stumm,
umsonst war der Verrat,
nun ist er tot, der Pirat.

Alles lässt nach

Früher hätten wir es uns nicht entgehen lassen,
weder am See, noch im Wald, noch sonstwo,
wären über jeden Platz froh gewesen,
heute ist es Alltag geworden,
so wie vieles andere auch,
wo ist der Kick, der Reiz,
der uns mal verbunden hat,
und uns in unserer Geilheit,
hat baden lassen?

Todesrausch

Mehr oder weniger leise,
geht sie los, die Reise,
Tag für Tag ein Stück,
dann gibt es kein zurück,
gelassen, langsam und frei,
bin ich wieder mal dabei,
die Sehnsucht ist groß,
werd sie nicht mehr los,
todesnah und todesfern,
Todesrausch immer wieder gern.

<u>Wenn ich nicht suche</u>

Dunkel, grau, kein Licht zu sehen,
normal ist, was ich glaube,
doch du bist nicht zu sehen.

Strebe weiter, erlebe dabei viel,
das meiste ist mir zu wider,
was soll ich machen, so ist es eben.

Sterne leuchten hell, wie schön,
mein Weg mir vorgezeichnet,
ich kann nur immer weiter gehen.

Hilflos versunken, in deinen reinen Augen,
halt ich es, mache mir nichts daraus,
es wird mich finden, wenn ich nicht suche.

Ein übler Traum?

Traurig weinend,
Tränen rollen,
keine Ahnung,
wie es weiter geht,
im Kopf nur Leere,
der Bauch tut weh,
im Grunde geht es besser,
tatsächlich nicht,
was soll ich tun,
es wird sich nichts ändern,
zu lange geschwiegen,
zu viel kaputt,
viele Tränen,
träge Gedanken,
die Sonne scheint dunkel,
der Tag ist schwarz,
kaum Nahrung,
dafür Schmerzen,
von allen Seiten,
wirr und irre,
vorbei die Geschichte,
ein übler Traum?

Wie schlimm ist es für mich?

Die neue Zeit hat dich nicht erreicht,
es ist, wie es noch vor Monden war,
du kannst nicht so tun, als ob nichts wär,
mein Herz, das hat doch auch Gefühle,
das siehst du nicht, das hörst du nicht,
im umgekehrten Fall wäre es schlimm für dich,
doch was denkst du, ist es für mich?

Der unfreiwillige Zeuge

Grauenhaftes ist geschehen,
und ich hab es gesehen,
ich war sogar dabei,
warum ist einerlei,
nun gibt es kein zurück,
ich hoffe auf mein Glück,
Angst wird ständig mehr,
Herz wird dabei ganz schwer.

Rose des Herzens

Oh du Rose meines Herzens,
du Blume meiner Lust,
wo bist du heute hin,
und warum nicht bei mir,
so lange nicht gesehen,
was ist bloß mit dir,
kann dich fühlen,
und auch sehen,
bei geschlossenen Augen,
dein Duft ist betörend,
so lieblich und rein,
komm endlich wieder,
und sei ewig mein.

Wüsste ich gerne

Wo ist der Sinn,
wo gehe ich hin,
still ruht das Meer,
ich schwimme hin und her,
wieder an Land,
bleibe ich unerkannt,
stehe auf der Erde,
was ich wohl mal werde,
wissens die Sterne,
das wüsste ich gerne.

Wenn die Sonne nicht mehr scheint

Wenn die Sonne nicht mehr scheint,
bin ich einsam und verlassen,
habe selbst die größte Schuld daran,
wer wird mich noch wärmen,
und mit seinen Strahlen kitzeln,
ohne Sonne kann ich nicht leben,
es bleibt mir nur die Hoffnung,
damit die Wolken sich verziehen,
und die Kälte weicht,
wo ist die Sonne hin,
die für mich scheint?

Abschied

Eine Träne in meinem Auge,
verrät mir, dass es zuende ist,
schön war die glückliche Zeit,
jahrelang das Herzblut geopfert,
für die Sache,
an die ich glaubte,
und immer noch glaube,
nun ist es vorbei,
einfach so rausgedrängt,
muss mich dem Neuen zuwenden,
zu dem ich gar keine Lust habe,
wie soll das bloß werden?

Dazwischen

Jugend lacht,
Alter hebt den Finger,
die dazwischen wissen nichts,
so lebt es sich immer weiter,
jeder zu seiner Zeit,
mal lachend,
mal mahnend,
und mal dazwischen.

Freundschaft

Wie der Mond die Erde,
und die Erde die Sonne umkreist,
so sollte Freundschaft sein.

Eine stete Harmonie und Ergänzung,
ohne sich näher zu kommen,
oder ineinander zu verschmelzen.

Der Abstand dabei zueinander,
ist wichtig, bringt Ehre und Respekt,
gerade in der richtigen Mischung.

Vor unserem Tod

Betrunken vor Liebe,
verrückt vor Glück,
geh nie wieder fort,
zu weit bist du jetzt,
gehe dir entgegen,
und halt dich fest,
wollen ohne Sorgen leben,
ich weiß, es wird schwer,
müssen es aber versuchen,
sonst sterben wir,
noch vor unserem Tod.

Träume träumen dürfen

In meinen Träumen träume ich Träume,
Träume von dir und von mir,
in diesen Träumen träume ich Träume,
ich träume mich in dein Herz hinein,
in allen Träumen träume ich Träume,
Träume endlos lang und schön,
in meinen Träumen träume ich Träume,
in denen ich noch von dir träumen kann.

Der schöne Tag

Der schöne Tag steht vor mir,
doch ich kann ihn nicht sehen,
leider kann ich ihn auch nicht fühlen.

Traurigkeit zieht durch meine Seele,
und wohnt jetzt in meinem Körper,
der kein Leben mehr in sich hat.

Ich habe es nicht kommen sehen,
chancenlos stand ich da,
von jetzt auf eben war alles vorbei.

Das Schicksal hat zugeschlagen,
und hat mir alles genommen,
wofür ich einst mal lebte.

Nun muss ich wieder neu anfangen,
das Vergangene ruhen lassen,
und die Dinge in den Griff bekommen.

Ein schöner Tag wird kommen,
ein schöner Tag wird gehen,
und ich werde ihn erleben.

Mit dir

Mit dir lachen, mit dir weinen, denn ich liebe dich.
Dich küssen, dich umarmen, denn ich liebe dich.
Mit dir reden, mit dir schweigen, denn ich liebe dich.
Dich verehren, dich becircen, denn ich liebe dich.
Mit dir einschlafen, mit dir aufwachen, denn ich liebe dich.
Dich streicheln, dich vernaschen, denn ich liebe dich.
Mit dir streiten, mit dir versöhnen, denn ich liebe dich.
Dich bewundern, dich beeindrucken, denn ich liebe dich.
Mit dir durch dick, mit dir durch dünn, denn ich liebe dich.
Dich bei mir wissend, dich bei mir haben, denn ich leibe dich.

Wie ich

Mein Herz pocht ganz wild,
weil's deins kennenlernen will,
haben nur wenige Momente,
die wir nutzen müssen,
trunken vor Glück,
bei Gedanken an dich,
sehe ich in deine Augen,
und hoffe dabei ständig,
du denkst genauso wie ich.

Das ist wunderbar

Gegeben das Herz,
genommen den Schmerz,
verflogen die Trauer,
überwunden die Mauer,
geschlossen den Bund,
aus einem Grund,
der Liebe wegen,
das Herz gegeben,
der Traum ist wahr,
das ist wunderbar.

Am Ende der Zeit

Alle Seelen sind betroffen,
alle Seelen sind im Grunde gleich,
denn sie starten ohne alles,
unterschiedliche Erfahrungen,
und verschiedene Zeiten,
lassen sie individuell,
und in der Zwischenzeit,
ungleich erscheinen.

Doch am Ende der Zeit,
stehen sie am Ziel,
und sind wieder gleich,
so gleich,
wie sie am Anfang waren.

Ein Gedanke an dich

Wie viele Lichtlein,
leuchten in der Dunkelheit,
jedes einzelne sagt dir,
ich liebe dich,
wie viele Kerzen,
hast du entzündet,
jede einzelne,
führte dich zu mir,
wie viele Sterne,
blinken am Himmel,
jeder einzelne,
ist ein Gedanke an dich.

Kamst vom anderen Ufer zu mir

Was für eine kurze Zeit,
die wir hatten,
du kamst zu mir,
vom anderen Ufer,
der großen Sehnsucht,
kurz nur, aber intensiv,
das Gefühl für uns,
war stark und tief,
wir hatten uns,
die Zeit war bald um,
alles andere unwichtig,
du gingst zurück,
zu deinem fernen Ufer,
ich konnte dich nicht halten,
doch unvergessen die Zeit,
die unsere war,
endlos, geil und verrückt,
danke dir, großes Mädchen,
hoffe du bereust es nicht,
so wie ich auch glücklich bin.

<u>Was ich nicht sehen kann</u>

Wenn ich nur an das glaube,
was ich sehen und anfassen kann,
dann kann ich an die wesentliche Dinge im Leben nicht
glauben,
denn die liegen unsichtbar um mich herum,
und lassen sich nicht anfassen,
und doch sind sie immer da.

Weil du so bist wie du bist

Ich liebe dich nicht nur,
weil du so schön bist,
oder du eine Traumfigur hast,
auch nicht weil du intelligent bist,
und einen lieben Charakter hast,
oder weil du mich liebst,
und du immer für mich da bist,
sondern weil du so bist wie du bist,
weswegen du der liebenswerteste Mensch bist,
und ich mich immer wieder neu in dich verliebe.